L'ITINÉRAIRE

DES

FRANÇAIS

DANS

LA LOUISIANE.

L'ITINÉRAIRE

DES

FRANÇAIS

DANS

LA LOUISIANE;

CONTENANT l'Histoire de cette Colonie française, sa Description, le Tableau des mœurs des Peuples qui l'habitent, l'état de son Commerce au moment de sa cession à l'Espagne, et le degré de prospérité dont elle est susceptible : d'après les renseignemens et les relations les plus authentiques.

PAR DUBROCA.

A PARIS,

Chez
- DUBROCA, Libraire, rue Thionville, vis-à-vis la rue Christine, n. 1760.
- FUCHS, rue des Mathurins.
- Veuve DEVEAUX, Palais du Tribunat, n. [illegible]
- RONDONNEAU, au dépôt des lois, place du Carrousel.

AN X. — 1802.

L'ITINÉRAIRE DES FRANÇAIS DANS LA LOUISIANE.

LA cession de la Louisiane à la France par l'Espagne, est, parmi les avantages politiques que la paix vient de procurer à la République française, celui qui a droit d'intéresser peut-être le plus ses habitans, et de réveiller les plus grandes et les plus justes espérances. On se souvient encore de la sensation douloureuse que produisit le traité de 1762, qui transporta à l'Espagne ce beau pays, et qui ravit tout à coup à la

France une des branches les plus importantes de son commerce, et à l'Etat, sa dernière ressource dans ses pertes. Cette sensation pénible étoit augmentée encore par la certitude où étoient tous les bons esprits, que cet accroissement de puissance entre les mains du gouvernement espagnol, loin de lui être avantageux, ne seroit pour lui qu'une surcharge, et que le traité de cession, également funeste aux deux couronnes qui s'affoiblissoient également, l'une en perdant ce qu'elle cédoit, l'autre en acceptant ce qu'elle étoit dans l'impuissance d'utiliser, ne seroit utile qu'à une nation voisine, visiblement intéressée alors à ce que, ni l'Espagne, ni la France, ne prissent de trop grands accroissemens dans la Louisiane. En rentrant sous la domination de ses anciens possesseurs, la Louisiane doit reprendre, parmi les colonies américaines, le rang auquel la nature l'avoit destinée. Ce beau pays, le plus analogue peut-être, par sa température, avec la manière d'exister des Français, réunit tous les germes de prospérité: toutes les branches d'industrie peuvent y être cultivées; les matériaux en sont par-tout sous la main. Sous un ciel tempéré, et sur un sol uni, vierge, fertile, le génie français, dirigé, soutenu par la sagesse du gouvernement, peut réaliser dans le nouveau monde, tous les prodiges de civilisation qui, en Europe, rendent la nation française la plus florissante et la plus industrieuse.

Au moment où les dispositions politiques du gouvernement annoncent l'intérêt qu'inspire la possession récente de la Louisiane; au moment où tous les yeux s'ouvrent sur les avantages de cette colonie, je crois entreprendre une chose utile, en réunissant sous un même point de vue tous les renseignemens authentiques qui existent sur cette contrée de l'Amérique. Quel Français, lorsque la confiance du gouvernement, ou des intérêts commerciaux l'appelleront dans la Louisiane, ne sera pas jaloux de connoître tout ce qu'on a pu recueillir de l'histoire, des mœurs, de la situation et des ressources de ce pays? Ces objets, déjà si intéressans pour la curiosité, je vais les tracer avec ce pinceau rapide qui rend les faits plus piquans en les rapprochant, et qui met à la portée d'un plus grand nombre de lecteurs, ce qu'il importe à tous les Français de connoître.

CHAPITRE PREMIER.

Par quelle succession d'événemens les Français découvrirent la Louisiane. Premières vicissitudes des établissemens qu'ils y formèrent.

Après des guerres longues et sanglantes, que le desir de la domination autant que la rivalité avoit allumées entre les Français et les Anglais dans le Canada, ces peuples jouissoient enfin, en 1673, d'un moment de repos, et sembloient avoir tourné toute leur activité vers la culture, ou vers les spéculations pacifiques du commerce. Toutes les fois que ces heureux intervalles avoient existé pour ces deux puissances rivales, ils avoient été marqués, de part et d'autre, par des tentatives favorables à l'agrandissement et à la prospérité de leurs colonies respectives : mais le moment étoit venu où la découverte de la Louisiane devoit former pour la France une des plus grandes époques de son existence politique et commerciale. Déjà l'Espagnol *Ferdinand Soto* avoit, en 1538, reconnu le fleuve du Mississipi ; mais ce navigateur avoit péri sur ses rives, et son expédition n'avoit eu aucune suite. Cependant il étoit resté dans l'opinion générale que ces contrées étoient riches et fertiles ; on les avoit perdues de vue ; on ignoroit même où elles pouvoient être ; mais on savoit quels avantages offroit leur possession, et c'en étoit assez pour entretenir dans tous les esprits le desir de les connoître. Enfin, quelques Français ayant appris, par des sauvages, qu'il y avoit à l'occident du Canada un grand fleuve qui ne couloit ni au nord, ni à l'est, ils en conclurent qu'il devoit se rendre dans le golfe du Mexique, s'il avoit son cours au sud, ou dans la mer du sud, s'il alloit se décharger à l'ouest. La communication avec ces deux mers étoit trop importante, pour ne pas être recherchée. En conséquence, on chargea de cette entreprise un des habitans de Quebec, nommé *Joliet*, homme d'esprit et d'expérience, et un jésuite appelé *Marquette*, aussi recommandable par ses vertus que par ses connoissances.

Ces deux hommes partirent ensemble du lac Michigan, entrèrent dans la rivière des Renards qui s'y décharge, et la remontèrent jusqu'assez près de sa source, malgré les torrens qui en rendent la navigation pénible. Après quelques jours de marche, ils se rembarquèrent sur la rivière d'Ouisconsing, et naviguant toujours à l'ouest, ils se trouvèrent sur le Mississipi, qu'ils descendirent jusqu'aux Akansas, vers les trente-trois degrés de latitude. Leur zèle les auroit conduits plus loin ; mais les vivres leur manquant, et bien certains que le fleuve se jetoit dans le golfe du Mexique, ils reprirent la route du Canada.

Cette première tentative ne produisit pas d'abord tout l'effet qu'on devoit en attendre : le gouverneur du Canada, loin de songer à suivre l'importante découverte qu'on avoit faite, la perdit de vue; mais les ambitions particulières avoient été éveillées. Parmi les habitans de la Nouvelle-France, étoit un Français nommé *La Salle*, homme possédé de la double passion de faire une grande fortune et de parvenir à une réputation brillante : prêt à saisir toutes les occasions de se signaler, impatient de les faire naître, il s'embarqua pour l'Europe, se présenta à la cour de Versailles, et en obtint l'ordre formel d'achever ce qu'on avoit si heureusement commencé. Muni de cette autorisation, La Salle s'embarqua en 1682, sur le Mississipi, et le descendit jusqu'à son embouchure, qu'il trouva, comme on l'avoit déjà conjecturé, dans le golfe du Mexique. Ce premier pas fait, La Salle se hâta de regagner *Quebec*, d'où il alla proposer en France la découverte du Mississipi, par mer, et l'établissement d'une colonie, dont il exaltoit d'avance les succès. On le crut : on lui donna quatre bâtimens de différentes grandeurs, avec environ cent cinquante hommes de débarquement. La Salle n'aspiroit qu'à entrer dans le Mississipi : peut-être n'avoit-il pas une connoissance assez exacte de l'embouchure du fleuve ; peut-être fut-il emporté par les courans, au-delà de son but : quoi qu'il en soit, il manqua le fleuve, et ne le revit jamais. Une baie qu'il apperçut cent lieues plus au couchant, lui parut être l'objet de sa recherche ; il y aborda. Bientôt après il y fut abandonné par *Beaujeu*, commandant des vaisseaux, qui fit voile vers la France : enfin, comme il se disposoit à regagner par terre les bords du Mississipi, il fut massacré par une partie de ceux qui composoient son escorte.

Dix années s'écoulèrent sans qu'on semblât se souvenir en France de l'existence de la Louisiane : mais en 1697, un gentilhomme canadien, nommé *d'Yberville*, parvint à réveiller, sur ce pays, l'attention du ministère. On le fit partir de Rochefort, avec deux vaisseaux, et il entra dans le Mississipi le 2 juillet 1699. Ce navigateur remonta le fleuve assez haut pour se convaincre par lui-même de la beauté et de la fertilité de ses rives. Cependant il se contenta d'y élever un petit fort, qui ne subsista pas long-tems, et par une erreur à jamais inconcevable, il alla établir sa colonie dans le lieu le moins propre à recevoir et à nourrir ses habitans.

Entre l'embouchure du Mississipi et Pensacola, que les Espagnols venoient d'élever dans la Floride, est une côte d'environ quarante lieues d'étendue; elle est par-tout si basse, que les vaisseaux marchands ne peuvent approcher qu'à quatre lieues de distance, ni les plus légers brigantins plus près que de deux lieues. Son sol, entièrement sabloneux, est aussi peu propre à la multiplication des troupeaux qu'à la culture. On n'y voit que quelques cèdres et quelques pins épars. Le climat est si brûlant, quand les rayons du soleil ont dardé sur ces sables, qu'il y a des saisons où les chaleurs seroient insupportables, sans un vent léger qui, s'élevant à neuf ou dix heures du matin, ne tombe que le soir. Dans ce grand espace est un lieu qu'on appelle *Biloxi*, du nom d'une nation sauvage, qui, autrefois, s'y étoit fixée. Cette position, la plus stérile, la plus incommode, la moins avantageuse de toute la côte, fut celle qu'on choisit pour y fixer le petit nombre d'hommes que d'Yberville avoit amenés, sous l'appât des plus grandes espérances.

Deux ans après arriva une nouvelle peuplade : elle fut placée treize lieues à l'est de Biloxi, assez près de Pensacola. Les bords de la Maubille, qui n'est nulle part navigable que pour des pirogues, quoiqu'elle ait un fort long cours, furent jugés dignes d'être habités. La médiocrité des terres qu'il falloit aller chercher même assez loin, ne parut pas une raison suffisante pour faire rejeter cette idée. Une isle située vis-à-vis de la Maubille, à quatre lieues de distance, y offroit un havre qu'on pouvoit regarder comme le port de la nouvelle colonie. On la nomma l'*Isle Dauphine*. Rien n'étoit plus commode que d'y décharger les marchandises de France, qu'il avoit fallu jusqu'alors envoyer à la côte par des chaloupes. Aussi se peupla-t-elle, et devint-elle le quartier général de la colonie, jusqu'à ce que les vents qui l'avoient formée de sables entassés, les accumulèrent en 1717, au point de lui faire perdre l'unique avantage qui lui avoit donné une sorte de célébrité.

On ne pouvoit raisonnablement espérer aucun progrès d'un établissement jeté sur ce territoire. La mort d'Yberville acheva d'éteindre ce qui restoit d'espoir aux colons, qui, se voyant à la veille d'un abandon entier, s'empressèrent d'aller chercher ailleurs un asyle. Le peu qui resta par nécessité, ne subsistoit que de quelques légumes, ou des courses qui se faisoient parmi les sauvages. Enfin, la colonie étoit réduite à vingt-huit familles plus misérables les unes que les autres, lorsqu'un de ces événemens politiques qui changent quelquefois la face des empires, donna tout d'un coup à la Louisiane une importance aussi singulière qu'inattendue.

L'embarras où se trouvoit la France après la mort de Louis XIV, étoit devenu l'objet des spéculations et des intrigues de tous les empiriques politiques. Parmi ces derniers étoit le fameux Law, ce célèbre Ecossais, sur lequel on n'eut pas dans le tems des idées fixes, et dont le nom est aujourd'hui relégué dans la foule des aventuriers. L'occupation de cet homme hardi étoit, depuis son enfance, de porter un œil curieux et réfléchi sur toutes les puissances de l'Europe, d'en approfondir les ressorts, d'en calculer les forces. En fixant ses regards sur la France, il trouva digne de lui de débrouiller le chaos de ses finances, et se flatta d'y réussir. Son plan dut plaire, par sa grandeur même, à l'administrateur qui tenoit les rênes du gouvernement depuis la mort du monarque. Il s'agissoit de débarrasser, par l'acquittement des dettes, le revenu public, des intérêts énormes qui l'absorboient presque en entier. L'introduction du papier-

monnoie

monnoie pouvoit seule procurer cette révolution que le malheur des tems exigeoit, à quelque prix que ce fût. Les créanciers de l'Etat devoient se prêter d'autant plus aisément à cette nouveauté, qu'ils seroient toujours les maîtres de convertir les billets qu'on les auroit forcés à recevoir, en actions de la nouvelle compagnie. Celle-ci ne pouvoit manquer des moyens de satisfaire à tant d'engagemens, puisqu'indépendamment du produit des impositions qu'elle devoit concentrer dans ses mains, comme compagnie de finance, elle avoit comme compagnie de commerce un nouveau canal par où devoient lui venir des richesses prodigieuses.

Ces trésors inattendus avoient leur existence chimérique sur les rives du Mississipi. On divulgua, comme un secret, qu'on y avoit trouvé des mines d'une richesse prodigieuse. Pour donner plus de poids à cette fausseté, on fit partir les ouvriers destinés à mettre en valeur une si précieuse découverte, avec les troupes nécessaires pour les soutenir.

L'impression subite que produisit ce stratagême, ne sauroit se comprendre. Le travail le plus assidû ne pouvoit suffire à livrer des actions de la compagnie à ceux qui en demandoient. Les spéculations, les plans, les espérances, tout se tourna de ce côté-là. Le Mississipi devint la fin et le mobile de toutes les combinaisons. Bientôt elles ne se bornèrent pas à une simple association avec la compagnie qui avoit obtenu la disposition de ce beau pays; de tous côtés on lui demanda de vastes terreins, pour y former des plantations qui devoient, disoit-on, rendre en peu d'années le centuple des avances qu'on lui auroit faites; et ceux à qui leur fortune ne permettoit pas cette ambition, briguoient l'avantage de diriger les habitations, ou même simplement d'y travailler.

Malheureusement l'esprit d'imposture avec lequel on avoit communiqué ce mouvement s'étendit aux moyens de les diriger; on se contentoit de déposer sur les sables du Biloxi les citoyens de tout âge et de tout sexe, que l'appât de la fortune avoit précipités vers ce nouveau monde, et bientôt ces infortunés périssaient par milliers, de faim, d'ennui et de chagrin. On auroit pu les faire entrer dans le

Missisipi, les placer même sur les terreins qu'ils devoient défricher; mais il ne tomba jamais dans l'esprit de ceux qui dirigeoient l'entreprise, de construire les bateaux nécessaires pour cette opération. Après même qu'on se fut assuré que les navires qui arrivoient d'Europe pouvoient remonter le fleuve, le quartier général resta toujours dans l'affreux tombeau de ces tristes et nombreuses victimes d'une imposture politique. On ne le transféra à la Nouvelle-Orléans qu'au bout de cinq ans, c'est-à-dire, lorsqu'il ne restoit presqu'aucun des malheureux qui s'étoient si légèrement expatriés.

Mais à cette époque trop tardive, le charme étoit rompu; les mines avoient disparu. Il ne restoit que la confusion d'avoir embrassé des chimères.

Le Mississipi étoit devenu la terreur des hommes libres. On ne lui trouva plus de colons que dans les lieux de débauche. Ce fut un cloaque où aboutirent toutes les immondices du royaume.

Mais ces moyens ne firent qu'ajouter de nouveaux malheurs aux anciens. Le vice ne peuple point, ne travaille point, ne se fixe point. Plusieurs des misérables qu'on avoit transportés dans ces climats sauvages, allèrent étaler, dans les établissemens anglais ou espagnols, le dégoûtant spectacle de leur nudité. D'autres périrent très-rapidement du poison dont ils avoient apporté le germe de l'Europe même ; le plus grand nombre erra misérablement dans les forêts, jusqu'à ce que la faim et les fatigues eussent terminé sa déplorable carrière. Rien n'étoit commencé dans la colonie, tout y paroissoit être anéanti, lorsqu'enfin le gouvernement, instruit de l'état des choses, permit à la compagnie d'aliéner son privilège sur la Louisiane, et prit sur lui de réparer tant de désastres, et d'améliorer des établissemens, dont il sentoit tout le prix. La guerre, qui éclata sur ces entrefaites, entre la France et l'Angleterre, n'empêcha pas l'exécution de ces heureux projets. Il fut aisé alors de juger des ressources que l'on eût pu tirer de la Louisiane, avec une sage administration, puisque, dans ces circonstances, malgré les menaces des Anglais, et le dénuement de toute espèce de secours, les colons se mirent à défricher de nouvelles terres; les récoltes furent abondantes, et il n'y eut presque point d'intervalle entre l'instant le plus désespéré de la colonie, et celui où elle fut le plus à portée de sentir tous ses avantages. Cet heureux état de choses fut dû à la sage administration de M. de Kerlerec, qui avoit été envoyé dans la Louisiane pour la gouverner au nom du roi.

La colonie, éclairée par ses propres fautes, sur ses ressources et ses moyens, commençoit à concevoir les plus grandes espérances, lorsqu'un vaisseau vint y répandre la consternation, en apportant la nouvelle que la France avoit cédé la Louisiane à l'Espagne. M. *Dulloa*, officier général de cette puissance, se présenta en effet quelque tems après, pour prendre possession de la colonie au nom du roi son maître:

mais, comme par une circonstance singulière, cet officier n'étoit revêtu d'aucun titre de sa cour, les colons refusèrent de le reconnoître, et ce gouverneur fut obligé de quitter la Louisiane, quelques jours après y être arrivé. De retour à Madrid, M. Dulloa peignit les Français comme des révoltés que l'on ne parviendroit pas à captiver par la douceur. En conséquence, la cour d'Espagne choisit M. *Orelly* pour aller faire reconnoître, dans la Louisiane, l'autorité du roi d'Espagne. Jamais mission n'avoit été confiée à un homme plus atrocement disposé à l'exécuter. M. d'Orelly répondit à l'accueil que lui firent les colons, avec toutes les marques d'une bienveillance sincère, mais c'étoit pour se donner le tems et les moyens d'exercer d'exercer plus sûrement ses vengeances. Lorsqu'il jugea que le moment favorable étoit venu, il convoqua chez lui douze principaux habitans de la Nouvelle-Orléans, sous le prétexte de fixer avec eux, d'une manière irrévocable, les réglemens qui dorénavant auroient force de loi dans la colonie. Dès que ces victimes furent rendues dans la salle d'audience, le perfide gouverneur les fit arrêter et conduire dans d'affreux cachots. Quelques jours après, sept d'entr'eux furent fusillés; quant aux autres, personne ne douta du motif qui avoit déterminé leur grace. L'avidité d'Orelly, et la manière dont il se conduisit dans la Louisiane, après cet atroce attentat, n'ont laissé aucun doute sur les moyens dont on se servit pour le toucher.

CHAPITRE II.

Description de la Louisiane, et des peuples qui l'habitent.

LA *Louisiane* est une vaste contrée de l'Amérique septentrionale, bornée au midi par la mer, au levant par la Caroline, au couchant par le nouveau Mexique, au nord par cette portion du *Canada* dont les terres inconnues doivent s'étendre jusqu'à la baie d'Hudson. Elle comprend, dans cette partie, toutes les terres et rivières à l'ouest de la baie des Noquets, et du lac Michigan, tout le pays des Illinois, tout le cours de Louabache et de l'Ohio, depuis son embouchure dans le Missisipi, jusqu'à sa grande chute à cinquante lieues au-dessous de la rivière de la Roche. Elle comprend, au sud-est, c'est-à-dire, au-dessous de l'Ohio, depuis la grande chute, ou la rivière aux Charbons, toutes les terres et rivières qui se trouvent entre les montagnes Apalaches, la Floride espagnole, et le Mississipi, jusqu'à l'embouchure de ce fleuve, dans le golfe du Mexique. C'est ainsi qu'en 1712, les limites et dépendances de la Louisiane furent déterminées par le cabinet de Versailles, lorsqu'il céda, par des lettres patentes, cette colonie à M. *Crosat*, pour en hâter l'établissement.

Dans un si grand espace, le climat ne sauroit être par-tout le même. Nulle part on ne le trouve tel qu'on l'attendroit de sa latitude. La basse Louisiane, quoiqu'elle corresponde aux côtes de Barbarie, n'a que la chaleur des provinces méridionales de la France ; et celles de ses terres qui sont situées aux trente-cinq et trente-six degrés, ne sont pas moins froides que les provinces septentrionales de sa métropole. Les épaisses forêts qui empêchent les rayons du soleil d'échauffer ce sol ; les rivières innombrables qui y entretiennent une humidité habituelle ; les vents qui, par une longue continuité de terres, arrivent du nord beaucoup plus chargés de nitre que s'ils avoient traversé de grandes mers, expliquent aux yeux des physiciens ce phénomène étonnant pour le vulgaire. Le ciel y est rarement couvert. L'astre qui donne la vie à tout, s'y montre presque tous les jours. Il n'y pleut que très-peu, ce n'est même que par des orages; mais des rosées abondantes remplacent avantageusement les pluies. L'on n'y est point effrayé par ces tremblemens de terre et ces ouragans qui désolent ailleurs les isles de l'Amérique; les épidémies destructives n'y sont point connues, et les fortunés habitans de ce pays délicieux y attendent la caducité, sans y être amenés par ces degrés d'affoiblissement qui rendent l'existence plus cruelle que la mort même.

Avant qu'on y eût tenté la nature du sol, on devoit le croire excellent. Il étoit rempli de fruits sauvages dont le goût étoit agréable. Une multitude prodigieuse d'oiseaux, de bêtes fauves, y trouvoit une subsistance abondante. Ses prairies, formées par la nature seule, étoient couvertes de chevreuils et de bisons. Peut-être le globe entier n'auroit-il pas offert des arbres comparables à ceux de la Louisiane, pour la hauteur, pour la variété, pour la grosseur. Si les bois de couleur lui manquoient, c'est qu'ils ne croissent qu'entre les tropiques. Depuis qu'on a fait des essais en divers cantons de ce terrein, on a vu presque par-tout qu'il étoit susceptible de toutes sortes de cultures plus ou moins riches.

On n'a pas encore découvert la source du fleuve célèbre qui coupe, du nord au sud, ce pays immense, en deux parties presqu'égales. Les voyageurs les plus hardis n'ont guère remonté qu'une centaine de lieues au-dessus du sault Saint-Antoine, qui barre son cours par une cascade assez haute, vers les quarante-cinq degrés de latitude. De-là, jusqu'à la mèr, c'est-à-dire, dans un espace d'environ sept cents lieues, la navigation n'est point interrompue. Le Mississipi arrive sans obstacles à l'Océan, après avoir été grossi par la rivière des Illinois, par le Missouri (1), par l'Ouabache, et par mille autres rivières moins considérables. Tout concourt à démontrer que le fleuve a lui-même étendu son lit d'un espace de près de cent lieues, formé d'un terrein assez nouveau, puisqu'on n'y trouve pas une seule pierre. La mer, rejetant cette quantité prodigieuse de

(1) D'après des observations récentes, ce n'est point le Missouri qui se jette dans le Mississipi, mais ce dernier qui se décharge dans le Missouri.

vase, de feuilles de canne, de branches et de troncs d'arbres que le Mississipi roule continuellement avec ses ondes, il s'assemble et se lie, de tous ces matériaux poussés et repoussés, une masse ferme et solide qui prolonge toujours ce vaste continent. Une singularité plus frappante encore, et qui ne se trouve peut-être que dans ce seul endroit du monde, c'est que les eaux de ce grand fleuve, quand elles sont une fois sorties de leur lit, n'y rentrent jamais, soit en totalité, soit en partie. En voici la raison :

Le Mississipi est annuellement grossi par la fonte des neiges du nord qui commence en mars, et qui dure environ trois mois. Profondément encaissé dans sa partie supérieure, il ne se déborde guère qu'à soixante lieues de la mer, du côté de l'est, et à cent du côté de l'ouest; c'est-à-dire, dans les terres basses, et que nous croyons nouvelles. Ces terres vaseuses, comme celles qui n'ont pas acquis toute leur consistance, produisent une quantité prodigieuse de gros roseaux qui, embarrassant les corps étrangers que charie le fleuve, manquent rarement de les arrêter. L'amas de tous ces débris, dont les intervalles se remplissent successivement de limon, forme, avec le tems, des bords plus élevés que les parties latérales. Les eaux, réduites par cet obstacle à l'impossibilité de rentrer dans leur cours naturel, sont forcées de se frayer un débouché dans la mer, en se glissant à travers les sables, ou en se filtrant sous les lacs qu'elles forment.

Quand on ne considère que la largeur et la profondeur du Mississipi, on est porté à croire que la navigation y est facile. C'est une erreur. Elle est fort lente même en descendant, parce qu'il y auroit du danger à la continuer pendant la nuit, dans des tems obscurs, et qu'au lieu de ces légers canots d'écorce qui sont d'un usage si commode ailleurs, il y faut employer des pirogues plus solides, et par conséquent plus lourdes, plus difficiles à manier. Sans ces précautions, comme le fleuve entraîne toujours une grande quantité d'arbres qui tombent de ses bords, ou qui lui sont amenés par les rivières qu'il reçoit dans son lit, on seroit exposé chaque instant à heurter contre les branches ou les racines de quelque arbre arrêté sous l'eau. Les difficultés augmentent, quand il s'agit de remonter.

A une certaine distance des terres, il faut se débarrasser, avant d'entrer dans le Mississipi, des bois flottans qui sont descendus de la Louisiane. La côte est si plate, qu'on l'appercoit à peine de deux lieues, et qu'il n'est pas facile d'y arriver. Les embouchures du fleuve sont très-multipliées. Elles changent d'un moment à l'autre, et la plupart n'ont que fort peu d'eau. Lorsque les vaisseaux ont heureusement franchi tant d'obstacles, ils naviguent assez paisiblement dix ou onze lieues à travers un pays sabloneux et découvert. Ils trouvent alors sur les deux rives une forêt assez épaisse pour intercepter totalement les vents. Le calme est si profond, qu'il faut communément un mois pour franchir un espace de vingt lieues : encore n'en vient-on à bout qu'en attachant successivement les cordages à quelque gros arbre, et en virant le cabestan. La peine redouble pour sortir de la forêt qui se termine, au détour à l'Anglais, par un croissant presque fermé. Le reste de la navigation sur un fleuve si rapide, si rempli de courans, se fait avec des bateaux à rame et à voile, qui sont forcés d'aller de pointe en pointe, et qui, partis dès l'aurore, ont beaucoup avancé quand ils se trouvent avoir fait cinq ou six lieues à l'entrée de la nuit. Les Européens qui s'y sont embarqués, se font suivre par terre, d'un certain nombre de chasseurs sauvages, qui fournissent à leur subsistance pendant un espace d'environ trois mois et demi que dure la navigation, d'une extrémité de la colonie à l'autre.

Quant aux nations qui sont établies sur les bords de ce fleuve, ou sur les bords des rivières qui s'y jettent, elles sont en si grand nombre, qu'il est presqu'impossible d'en tracer le tableau. Voici cependant les noms des principales, en commençant par celles qui sont fixées sur les rivières au nord du Missisipi: les *Malomines* ou *Folles-Avoines*, établis à quarante lieues au sud, des sources de la rivière de Sainte-Croix; les *Renards* ou *Outagamis*, et les *Mascoutins* fixés sur la riviere d'Ouisconsing, et celle des Renards; les *Puants* ou *Olchagras*, situés le long de la baie qui porte leur nom; les *Pouteouatamis*, divisés en deux branches, dont la première est établie au sud du lac Michigan, à l'embouchure de la rivière Saint-Joseph, et la seconde au détroit ; les nations *Illinoises*, qui forment huit tribus différentes; savoir : les *Illinois*, qui sont établis au-dessus du lac Pinitoui, et de la rivière à laquelle ils ont donné leur nom ; les *Péorias*, qui habitent au-dessus de la rivière des Illinois, vers son embouchure ; les *Kaokias*, les *Tamarouas*, les *Metchigamias*, et les *Cascaquias*, qui sont aussi au-dessous de ladite rivière, et sur les bords du Mississipi; les *Peanguichias*, qui sont fixés sur Louabache, à soixante lieues au-dessus de la jonction avec l'Ohio ; et les *Méanis*, divisés en trois branches, dont la première est située au-dessus de la rivière Saint-Joseph, vers son embouchure, dans le lac

Michigan ; la seconde au sud du lac Crié, sur la rivière qui porte leur nom, et la troisième sur l'Ouabache, à quatre-vingts lieues au-dessus des Peanguichias. Parmi les nations qui habitent le sud de la Louisiane, on distingue les *Chicachas*, situés à cent lieues au sud de l'embouchure de l'Ohio, et à cinquante lieues à l'est du Mississipi; les *Mobiliens*, établis sur la Mobile, à cinquante lieues au nord de la Nouvelle-Orléans; les *Alibamons*, et les *Talapouches*, établis sur une des branches de la Mobile, et les *Kaouitas*, qui sont fixés à trente lieues au nord-est des Alibamons.

Outre ces peuples, on remarque encore les *Iroquois*, dont le pays, situé entre les montagues Apalaches et le lac Ontario, forme un contour d'environ deux cents lieues. C'est dans cette étendue que sont situées et établies les cinq nations que l'on comprend sous le nom général d'*Iroquois*. Les *Chiraquis*, autre peuple dont le pays est au nord-ouest des montagnes de la Caroline, entre la rivière à laquelle ces sauvages ont donné leur nom, et les montagnes Apalaches (1), composent qua-

(1) Les montagnes Apalaches forment une étendue d'environ deux cents lieues, depuis les sources de la rivière aux Charbons, qui borne la partie occidentale du Canada, jusqu'au pays des Kaouitas. Elles continuent leur chaîne du nord au sud jusqu'au pays de ce dernier peuple, où elles forment un coude, et se replient à l'est le long de la rivière des Alatamaha, qui borne au sud de la Georgie. On donne à ces montagnes environ trente ou quarante lieues de traversée.

rante bourgades, dont dix-neuf sont établies dans la plaine, onze dans les gorges des montagnes, et dix à l'est desdites montagnes.

Telles sont les principales nations connues qui habitent la Louisiane. Nous allons maintenant tracer le tableau de leur existence politique et religieuse.

CHAPITRE III.

Des usages, des mœurs, et de la religion des peuples de la Louisiane.

Il y a apparence que les peuples qui habitent la vaste étendue de la Louisiane ont la même origine : leurs langues, quoique différentes, se rapprochent. Leurs coutumes ne varient que dans des choses peu importantes. Ils sont en général bien faits. Les femmes accouchent facilement : elles ne se mettent au lit qu'après être allées elles-mêmes laver leurs enfans à la rivière. L'oreiller sur lequel est placée la tête de l'enfant dans le berceau, n'est pas plus élevé que le matelas ; ainsi, la tête posant tout entière, reste plate et ne s'arrondit point. En l'attachant, de peur qu'il ne tombe, on lui laisse toujours le ventre et la poitrine libres. Ils naissent blancs. Leurs fréquentes onctions, où il entre beaucoup de rouge, les rendent cuivrés ; ils les regardent comme nécessaires pour se rendre souples, et pour endurcir leur peau contre la piqûre des cousins.

Père et mère, chacun élève son sexe. Leur autorité est très-respectée. Le titre le plus honorable qu'ils puissent donner est celui de *père* ; ils ne le prodiguent pas. En conséquence, c'est une sauve-garde sûre, lorsqu'ils en gratifient quelqu'un. Tous les jours ils se baignent, même dans les plus grands froids. Les filles nagent comme les garçons. Tout le travail du ménage tombe sur les femmes. Les hommes s'occupent de la chasse, de la pêche; cultivent et bâtissent : ils se réunissent pour ces ouvrages, et s'en font un amusement. Les enfans des deux sexes sont, dès l'âge le plus tendre, accoutumés à des fardeaux qu'on augmente à mesure qu'ils grandissent; de sorte que dans la force de l'âge ils en portent quelquefois d'un poids étonnant.

Les vieillards sont dépositaires de la tradition. Ils ne la communiquent pas aux jeunes gens; et entre les hommes faits, ils n'appellent à la connoissance de ce qu'ils nomment *les anciennes paroles*, que ceux qui, jusque-là, se sont distingués par leur sagesse et leur bon sens. Ils ont l'idée d'un être suprême, qu'ils appellent *le Grand-Esprit*. Il a sous lui d'autres *esprits* toujours prêts à exécuter ses ordres. L'air est plein d'autres *esprits mal-faisans*. Ces peuples les implorent, pour n'être pas en butte à leur malveillance; ils leur font des offrandes, et s'imposent en leur honneur des jeûnes fort longs, pendant lesquels ils se privent de leurs femmes. Beaucoup d'entr'eux n'ont point d'idoles dans leurs temples; mais ils y entretiennent du feu, avec certains rites qui font croire qu'ils le regardent comme sacré.

On ne regarde point à la familiarité des deux sexes, pourvu que les filles n'aient point d'enfans. Elles gagnent leur dot par leurs complaisances: mais une fois mariées, les amours volages cessent ; la fidélité prend la place. Les chefs des familles sont comme les ministres des mariages. La cérémonie a une naïveté touchante.

La famille de la future la conduit en silence à la cabane du garçon : elle trouve la famille de celui-ci rangée devant, et on est reçu avec des acclamations qui deviennent bientôt réciproques. L'ancien de la fille est introduit dans la cabane, où se trouve celui du garçon. « Vous voilà, dit-il à celui qui entre.— Oui, répond-il. — Asseyez-vous, reprend le premier ». Puis on garde le silence, comme pour méditer sur ce qu'on va faire. Ils se lèvent ensuite. « Approchez-vous, disent-ils aux jeunes gens », et ils leur font un discours sur les devoirs mutuels du mariage.

On apporte les présens. Le futur dit à la fille : — « Veux-tu me prendre pour ton époux ? Elle répond : De tout mon cœur. Aime-moi autant que je t'aime. Je n'aimerai jamais d'autre homme ». Le garçon lui fait son présent en disant : « Je t'aime, je te prends pour ma femme ; voici ce que je donne pour t'acheter. » Il s'attache à l'oreille gauche une plume d'oiseau, et une feuille de chêne, pour signifier qu'il est disposé à parcourir les forêts avec la rapidité d'un oiseau, pour fournir du gibier à sa femme et à ses enfans. De la main droite, il tient un arc et des flèches, en signe de l'engagement qu'il prend de les défendre. La fille tient d'une main une branche de laurier, de l'autre un épi de maïs, qui lui est présenté par sa mère. Le laurier signifie qu'elle sera toujours douce et propre; le maïs, qu'elle aura soin de préparer la nourriture de son mari. Le garçon lui présente la main droite, en disant : Je suis ton mari ; elle répond, je suis ta femme. Il joint sa main à celle des parens de sa femme : celle-ci en fait autant aux parens de son mari, en signe d'union des deux familles. En présence de cette assemblée, à laquelle le respect et la décence donnent un air auguste, le mari montre son lit à sa femme, et lui dit : Regarde notre lit, et prends garde qu'il ne soit jamais souillé. Le reste de la journée se passe en festins, danses et réjouissances. Les femmes sont en général traitées avec égards et tendresse ; elles ont leur voix dans la société.

Les Sauvages de la Louisiane sont partagés

partagés en tribus. Les noms seuls de celles qu'on connoît depuis les établissemens européens, jusques dans le nord, composeroient une longue liste. Il seroit impossible de particulariser les coutumes de ces peuplades ; chacune a ses singularités et ses bizarreries. Les unes ont des rois électifs, d'autres héréditaires, ou bien de simples chefs chargés pour un tems de la guerre et de la police. Les femmes mêmes ne sont quelquefois pas exclues de ces fonctions. On trouva sur-tout ce mélange chez les *Natchez*, une des nations les plus puissantes de la Louisiane. Leur grand chef portoit le nom de *Soleil*; c'étoit le fils, non du prédécesseur, mais de la plus proche parente. Elle étoit nommée la *Femme-chef*. Quoiqu'elle ne se mêlat pas du gouvernement, on ne laissoit pas de lui rendre de grands honneurs. Elle avoit même, comme le chef, droit de vie et de mort : leurs sujets ne les abordoient et ne se retiroient qu'en les saluant trois fois par une espèce de hurlement. Il n'étoit pas permis de leur tourner le dos. Le meilleur de la chasse, de la pêche et du butin, devoit leur être porté. Au lever du soleil, le chef s'avançoit à la porte de sa cabane ; si-tôt que l'astre paroissoit, il se prosternoit et hurloit trois fois respectueusement. On lui présentoit une pipe; il en envoyoit au soleil les trois premières gorgées, et parfumoit d'autant le nord, le couchant et le midi. Ce grand chef ne reconnoissoit pour ses ancêtres que le Soleil, et prétendoit en tirer son origine.

Lorsque le grand chef, ou la femme-chef mouroient, tous leurs domestiques les suivoient au tombeau, et c'étoit un grand honneur. Le mari de la femme-chef n'en étoit pas privé. Il étoit d'usage que ce fût son fils aîné qui le fît mourir. De tout ce qui étoit dans la cabane, on faisoit une espèce de trône, sur lequel on plaçoit les corps des deux époux. La première offrande étoit celle de douze petits enfans que leurs père et mère devoient avoir fait mourir eux-mêmes. Venoit ensuite une procession funèbre, au milieu de laquelle étoient quatorze personnes dévouées à la mort. Quand on plaçoit les cadavres dans le tombeau qui leur étoit destiné, ces quatorze victimes recevoient la mort, et la cérémonie se terminoit par des danses et des festins.

La religion de ce peuple, à-peu-près la même dans ses dogmes que celle des autres Sauvages, avoit plus de culte. Cependant il n'y avoit qu'un temple pour toute la nation; le feu y prit un jour, et la consternation fut générale: on faisoit de vains efforts pour arrêter l'incendie. Quelques mères y jetèrent leurs enfans, et le feu s'éteignit enfin. L'éloge de ces mères barbares fut prononcé le lendemain par le pontife. On s'étonne qu'une nation aussi pauvre et aussi sauvage fût aussi cruellement asservie; mais la superstition est la raison de tout ce que les hommes font sans raison. Elle seule pouvoit ôter la liberté à des peuples qui n'avoient guère à perdre que la liberté.

Il n'y avoit chez les Natchez que le grand chef qui se permît la polygamie : les filles de familles nobles, qu'on appelloit les filles du Soleil, n'épousoient que des hommes du peuple ; les malheureux payoient cher l'honneur qu'elles leur faisoient : elles en changeoient tant qu'elles vouloient. S'ils étoient infidèles, elles pouvoient les faire mourir ; mais ils n'avoient pas le même droit. Elles prenoient, au contraire, autant d'amans qu'elles vouloient, sans que l'époux osât s'en plaindre. Il se tenoit en leur présence dans une contenance respectueuse, et ne mangeoit jamais avec elles. Tout le privilège qu'il tiroit de cette alliance, c'étoit d'être exempt de travail, et d'avoir quelqu'autorité sur les domestiques (1).

(1) On verra dans le Chapitre suivant

On frissonne quand on pense aux tourmens affreux que les nations de la Louisiane, par une coutume générale, font souffrir à leurs prisonniers de guerre. L'insensibilité que montrent les victimes de cette férocité est si étonnante, qu'on a imaginé que les Sauvages de ce pays étoient moins susceptibles de douleur que les Européens; mais on ne voit pas pourquoi les principes de la sensation seroient chez eux moins irritables. Il est plus raisonnable de penser que c'est la force de l'exemple et du préjugé qui leur impose silence : ils seroient deshonorés, et leur nation participeroit à leur honte, s'ils laissoient échapper une plainte. C'en est

---

pourquoi il est parlé des mœurs des Natchez, comme d'une chose qui a existé.

assez pour leur donner la force de commander à leurs sens extérieurs, et d'en régler les expressions : c'est un fanatisme ; il n'y a point d'opinion qui n'en soit susceptible, et qui ne fasse tout entreprendre et tout souffrir.

CHAPITRE IV.

Obstacles que les Français trouvèrent à leur établissement, dans la Louisiane, de la part des colonies européennes et des naturels du pays. Guerre des Natchez.

Les difficultés locales ne furent pas les seuls obstacles qué les Français eurent à surmonter dans la formation de leurs établissemens dans la vaste région de la Louisiane : à quelque distance qu'ils fussent des possessions anglaises et espagnoles, ce ne fut pas sans envie que ces colonies les virent se fixer dans ces contrées. Cependant les plus grands obstacles ne vinrent pas des Anglais qui, fixés à l'est, furent trop constamment occupés de leurs cultures, pour les sacrifier à la fureur de ravager eux-mêmes des contrées éloignées. Tout ce qu'ils entreprirent, fut de séduire les nations errantes entre les deux colonies, entr'autres celle des *Chicachas*, qui passent pour les plus braves guerriers de ce pays. Les Espagnols, pour leur propre malheur, furent plus entreprenans du côté de l'ouest. L'envie d'éloigner du nouveau Mexique un voisin dont la puissance pouvoit devenir un jour inquiétante pour leurs possessions, leur fit former en 1720, le projet d'établir une peuplade considérable bien avant du terrein où ils avoient jusqu'alors arrêté leurs limites. La nombreuse caravane qui devoit la composer, partit de Santafé avec tous les moyens nécessaires pour une habitation permanente. Elle dirigea sa marche vers les Osages qu'on vouloit déterminer à se joindre à elle, pour aller de concert exterminer une nation indigène, voisine et ennemie des Osages, et dont on souhaitoit d'occuper la place. Une méprise singulière voulut que les Espagnols prissent un chemin pour un autre. Ils arrivèrent précisément chez la nation dont ils avoient juré la ruine, et se croyant où ils avoient voulu se rendre, ils expliquèrent sans détour le sujet qui les amenoit.

Instruit par cette erreur du danger que lui et les siens avoient couru, le chef des Missouris dissimula son ressentiment. Il promit de concourir au succès de l'entreprise qui lui étoit proposée, et ne demanda qu'un délai de deux jours pour rassembler tous ses guerriers. Lorsqu'ils se virent armés au nombre de deux mille, ils fondirent sur les Espagnols qu'on avoit amusés par des festins, par des danses, et qu'on trouva plongés dans un profond sommeil. De quinze cents personnes, hommes, femmes, enfans, il n'y eut que l'aumônier qui échappa au carnage, encore ne dut-il sa conservation qu'à la singularité de ses vêtemens. Cette catastrophe ayant assuré la tranquillité de la Louisiane du côté qui paroissoit le plus menacé, elle ne pouvoit plus être troublée que par les naturels du pays; mais ils n'étoient pas fort à craindre.

Ces sauvages étoient divisés, comme nous l'avons dit, en plusieurs tribus, toutes peu nombreuses, et même ennemies les unes des autres, quoique séparées par des déserts immenses.

Parmi ces tribus, la seule qui attiroit quelqu'attention, étoit celle des Natchez. Le pays qu'elle occupoit sur les bords du Mississipi, étoit agréable et fertile. Il avoit fixé les regards des premiers Français qui remontèrent le fleuve. Bien loin d'être traversés dans le projet qu'ils avoient de s'y établir, on leur en facilita tous les moyens. Des échanges réciproquement utiles formèrent entre les deux nations une amitié qui paroissoit solide. Elle pouvoit le devenir, si les liens n'en avoient été chaque jour affoiblis par l'avidité des premiers habitans de la colonie. Ils n'avoient demandé d'abord les productions du pays que de gré à gré: ils y mirent dans la suite le prix qui leur convenoit. A la fin il leur parut plus commode de les avoir pour rien. Leur audace s'accrut au point de chasser les anciens habitans des champs qu'ils avoient défrichés.

Cette injustice aigrit les sauvages. Vainement eurent-ils recours à la prière, à la force. Tout leur fut inutile, ou funeste. Le désespoir leur fit tenter enfin d'associer à leur vengeance tous les peuples de l'est dont ils connoissoient les dispositions ; et ils réussirent à former, sur la fin de 1729, une ligue universelle, dont le but étoit d'exterminer au même instant tous les Français. Comme l'art de l'écriture étoit inconnu aux nations conjurées, elles s'accordèrent à compter un nombre de bûchettes que chacune garderoit. Chaque jour on devoit brûler une bûchette, jusqu'à ce que la dernière donnât le signal du massacre.

La femme du grand chef fut instruite de la conjuration, par un fils qu'elle avoit eu d'un Français. Elle en fit jusqu'à trois ou quatre fois le détail à l'officier de cette nation qui commandoit dans son voisinage. On méprisa cet avis; mais elle n'en suivit pas moins la résolution de sauver des étrangers que l'amour avoit comme naturalisés dans son cœur. Quoiqu'elle n'eût pris ce vif intérêt pour toute la nation, que par affection pour les Français établis dans sa bourgade, elle voulut conserver ceux qu'elle n'avoit jamais vus, même aux dépens de ceux qu'elle connoissoit. Sa dignité de femme du Soleil, lui permettant d'entrer dans le temple, elle en tiroit tous les jours une ou plusieurs des bûchettes qu'on y avoit déposées, au risque d'avancer, puisqu'il le falloit, la perte de ses voisins, pour assurer le salut des autres. Tout ce qu'elle avoit prévu se vérifia. Les Natchez, au jour marqué chez eux par le signal dont on étoit convenu, persuadés que la scène tragique où ils alloient débuter devoit se répéter chez tous leurs alliés, surprirent les Français et les exterminèrent; mais comme on n'avoit pas ailleurs dérobé des bûchettes, tout fut tranquille; et ce mécompte seul sauva la colonie naissante. Elle ne pouvoit dans une surprise opposer à tant d'ennemis que quelques palissades à demi-pourries, mal défendues par un petit nombre de vagabonds sans discipline, et presque sans armes.

Mais Perrier, en qui résidoit l'autorité, ne perdit pas cette présence d'esprit que donne le courage. Moins il avoit de moyens d'en imposer, plus il affecta de fierté. Ces démonstrations firent une telle révolution, que, soit dans la crainte d'être soupçonnés, soit dans l'espoir du pardon, plusieurs des conjurés se joignirent à lui pour détruire les Natchez. Cette nation fut passée au fil de l'épée; on brûla ses habitations, et il n'en resta plus que la place.

Cependant quelques restes épars de ce malheureux peuple, se trouvant éloignés du centre de sa domination, avoient eu le tems de se réfugier chez les Chicachas, nation la plus intrépide, comme nous l'avons dit, de la Louisiane, et de tout tems en possession de vaincre toutes les

autres.

autres. Elle étoit entrée avec d'autant plus de chaleur dans la ligue contre les Français, qu'on lui avoit inspiré depuis long-tems des sentimens de haine et d'animosité contre cette nation. Aussi n'osa-t-on pas lui proposer d'abord de livrer les Natchez à qui elle avoit ouvert un asyle. Mais Biainville, qui ne tarda pas à remplacer Perrier, eut l'audace de redemander ce reste de fugitifs. On eút le courage de les lui refuser. Il fit marcher, en 1736, toutes les troupes de la colonie. Elles formoient deux corps; l'un fut repoussé avec beaucoup de perte devant le principal fort des Chicachas; l'autre fut complétement défait en rase campagne. Quatre ans après, on voulut tenter de tout soumettre avec de nouvelles forces reçues d'Europe et du Canada. Le sort des armes n'étoit pas plus favorable aux Français ; mais d'heureuses circonstances amenèrent un accommodement avec les sauvages. Depuis cette époque, la tranquillité de la Louisiane ne fut plus troublée.

On va voir par le tableau des établissemens formés ou achevés à cette époque, à quel degré de prospérité et de puissance auroient pu s'élever les possessions françaises dans la Louisiane, si l'incurie, la cupidité, l'ignorance, et enfin la cession de la colonie à l'Espagne n'avoient pas mis un obstacle invincible à tout accroissement de prospérité.

CHAPITRE V.

Description des établissemens formés par les Français, dans la Louisiane.

L'ÉPOQUE des premiers établissemens des Français dans la Louisiane, remonte à celle de sa découverte par La Salle. En partant de Quebec, en 1682, pour aller reconnoître le Missisipi, cet officier se rendit chez les Illinois, qui en sont éloignés de cinq cents lieues, fit alliance avec eux, et, de leur consentement, bâtit les forts de *Creve-Cœur* et de *Saint-Louis*, où il établit garnison. En descendant le Missisipi, il bâtit un magasin dans le village des Akancas, et lorsqu'il fut sur les terres des Chicachas, il éleva le fort *Prudhomme*, fameux depuis par la réunion des troupes françaises qui signalèrent ce lieu fatal par leur défaite et leur déshonneur.

On ne voit aucun fort ni aucun établissement sur les côtes de la Louisiane qui sont situées sur le golfe du Mexique : ces côtes sont généralement basses, souvent inondées, par-tout couvertes d'un sable fin, blanc comme la neige, entièrement aride ; elles sont inhabitées et inhabitables. On n'a jamais songé à y élever aucune fortification, parce qu'elles se refusent à toute invasion, à toute descente.

A l'est du Mississipi, on voit le fort de la Maubille, élevé sur les bords d'une rivière qui n'a pas moins de cent trente lieues de cours. Il sert à contenir dans l'alliance des Français les Chactas, les Allimabons, quelques autres peuplades moins nombreuses, et à s'assurer du commerce de leurs pelleteries.

L'embouchure du Mississipi offre un grand nombre de passes qui n'ont point de stabilité. Plusieurs se trouvent quelquefois sans eau. Il y en a quelques-unes qui ne peuvent recevoir que des canots ou des chaloupes. Une seule admet des bâtimens de cinq cents tonneaux. On a construit une espèce de citadelle nommée la *Balise*, sur le chenal qu'ils sont forcés de suivre. Vingt lieues au-dessus, deux forts gardent chaque côté du fleuve, et le défendent de toute entreprise. Quoique mauvais en eux-mêmes, ils seroient plus que suffisans pour s'opposer au passage de cent vaisseaux ; d'autant mieux qu'il n'en pourroit passer qu'un à la fois, et qu'aucun n'auroit la commodité ni de jeter l'ancre, ni d'amarrer à terre.

En avançant sur le fleuve, le premier établissement qui se présente, est la *Nouvelle-Orléans*, qui est en même-tems la capitale de toute la Louisiane. Cette ville est à trente lieues de la mer. On en jeta les fondemens en 1717; mais ce ne fut qu'en 1722 qu'elle prit quelque consistance, et devint le chef-lieu de la colonie. Alors fut tracé le plan d'une belle ville qui s'est élevée insensiblement. Ses rues, toutes tirées au cordeau, se coupent et se croisent perpendiculairement. Elles forment soixante-cinq islets, dont chacun a cinquante toises en quarré, divisées en douze emplacemens, pour loger autant d'habitans. Les cabanes qui couvroient originairement ce grand espace, ont été remplacées par des maisons commodes, bâties la plupart de brique. Des canaux, qui communiquent les uns aux autres, et qu'on a jugés indispensables pour le tems du débordement, les entourent toutes. C'est sur le bord oriental du fleuve qu'a été construite cette ville destinée à devenir le centre de toutes les liaisons que la métropole et la colonie formeroient entr'elles. L'abord en est tel, que les plus gros navires peuvent mettre le côté à terre, ou n'ont tout au plus qu'un petit pont à faire avec des vergues, pour décharger leurs marchandises. Seulement dans les grosses eaux, ils sont obligés de s'expédier, parce que la grande quantité de bois que charie alors le fleuve s'accumuleroit dans le mouillage, et feroit rompre les plus gros cables.

Sur les deux côtés du fleuve, on voit une suite d'habitations rarement interrompue. Au-dessous de la Nouvelle-Orléans, elles ne s'étendent qu'à la distance de cinq lieues, encore sont-elles peu considérables. Plus bas le terrein commence à se rétrécir, et va toujours en diminuant jusqu'à la mer. Sur cette langue de terre, on ne voit guère que des sables ou des marais mouvans, incapables de servir d'asyle à des hommes, et faits uniquement pour des oiseaux aquatiques, et pour des maringouins. Les plantations, en remontant le Missisipi, vont jusqu'à dix lieues au-dessus

de

de la ville. Les plus éloignées ont été défrichées par des Allemands dont le travail infatigable a formé deux villages, où habitent ces hommes les plus laborieux de la colonie. Tout le long de ces quinze lieues de culture, règne une levée nécessaire pour garantir les terres de l'inondation qui vient régulièrement avec le printems. Cette chaussée est préservée elle-même par des fossés larges et profonds, dont chaque champ est entouré, pour faciliter l'écoulement des eaux qui pourroient renverser cette digue.

Dans tout cet espace, le sol entièrement vaseux, est très-favorable à toutes les productions qui demandent un terrein humide. Lorsqu'on veut le cultiver, on coupe par le pied les grosses et hautes cannes dont il est généralement couvert. Elles sèchent assez vîte. On y met le feu qui débouche les pores de la terre. Alors, pour peu qu'on la remue, elle ouvre un sein fécond au riz, au maïs, à toutes sortes de grains et de légumes, excepté au froment qui s'épuise en poussant trop d'herbes.

A dix lieues au-dessus de la Nouvelle-Orléans, commence un désert immense où l'on ne voit que deux foibles bourgades de sauvages; et ce désert s'étend durant un espace de trente lieues, au bout duquel on arrive à la pointe coupée. C'est un ouvrage de l'industrie européenne. Le Mississipi faisoit en cet endroit un fort grand détour. Quelques Français, à force de creuser dans un petit ruisseau qui étoit derrière une pointe de terre, y firent entrer les eaux du fleuve. Elles se répandirent avec tant d'impétuosité dans ce nouveau canal, qu'elles achevèrent de couper la pointe, et dès ce moment épargnèrent quatorze lieues de chemin aux navigateurs. L'ancien lit ne tarda pas d'être à sec, et se trouva bientôt couvert d'arbres assez gros pour étonner ceux qui les avoient vu naître. Cet heureux changement donna la vie, une consistance, un nom, à l'un des meilleurs établissemens de ces contrées.

Ses habitans répandus sur les deux rives du fleuve, ont embelli leur séjour de tous les arbres fruitiers d'Europe, dont aucun n'a dégénéré. Ils cultivent pour leur consommation du riz, du maïs; et pour l'exportation, ils cultivent du coton, sur-tout du tabac. Le commerce des bois de construction augmente leur aisance.

Vingt lieues au-dessus de la pointe coupée, le Mississipi reçoit la rivière rouge, sur laquelle les Français ont bâti un fort à trente-cinq lieues de son embouchure. C'est chez les Natchiloches que fut jeté ce fondement de puissance et de commerce. Le projet étoit de faire couler dans la colonie, par ce canal, l'or et l'argent du nouveau Mexique, dont quelques rameaux s'étoient étendus assez près de là. Mais la misère des habitans, et leur peu de communication avec des lieux plus riches, firent évanouir ces espérances. Le seul avantage qu'on tira de ce voisinage, fut d'y trouver les bœufs et les chevaux qui manquoient à la Louisiane. Depuis que celle-ci les a multipliés chez elle au point de se passer de secours étranger, un poste qui n'avoit pas pour base l'agriculture n'a cessé de dégénérer ; perte d'autant plus fâcheuse, que le dépérissement de la colonie des Natchez est encore pire.

Sa position, à cent dix lieues de la mer, étoit la plus favorable qu'Yberville eût rencontrée en remontant le fleuve. Il n'en voyoit pas une qui fût plus belle, où l'on pût mieux asseoir la capitale de la colonie qu'on vouloit fonder. Tous ceux qui la visitèrent après lui, furent également enchantés des avantages qu'elle offroit. Le climat étoit sain et tempéré ; le sol propre au tabac, au coton, à l'indigo, à toutes sortes de cultures ; le terrein assez élevé pour n'avoir rien à craindre de l'inondation ; le pays ouvert, étendu, bien arrosé, à la portée de tous les établissemens qui pourroient se former. L'éloignement où il se trouvoit de l'Océan, n'empêchoit pas que les navires n'y pussent arriver. Une si belle perspective y avoit rapidement formé une colonie de plus de cinq cents hommes, lorsque leur insupportable ambition les fit tous périr de la main des sauvages qu'ils avoient irrités. Ceux qui vinrent les remplacer et venger leur mort, ne firent pas mieux prospérer cet établissement, soit négligence, soit difficultés nouvelles.

Cent vingt lieues au-dessus des Natchez est la colonie des Akansas. Les Canadiens qui s'y fixèrent en descendant le fleuve, y trouvèrent un climat délicieux, un terrein fertile, de l'aisance et de la tranquillité.

L'habitude qu'ils avoient prise au Canada de vivre avec des sauvages, les engagea à épouser sans peine les filles des Akansas, et ces alliances eurent les suites les plus heureuses. On ne vit jamais le moindre refroidissement entre deux nations si différentes que l'hymen avoit unies. Elles ont vécu dans ce commerce et cette réciprocité de bons offices, que réclamoit la vicissitude des situations amenées par le cours des tems.

On retrouve une image de cette harmonie, chez les Illinois, qui sont à trois cents lieues des Akansas. Cette nation, placée le plus au nord de la Louisiane, étoit continuellement battue, et toujours à la veille d'être détruite par les Iroquois, et par d'autres nations qui la pressoient au septentrion, lorsqu'elle vit arriver les Français du Canada. Ces Européens, dont la valeur étoit renommée dans ce canton du nouveau monde, furent accueillis et recherchés comme le meilleur rempart qu'on pût opposer à un vieil ennemi toujours acharné. Les uns et les autres abandonnèrent la rivière qui donnoit son nom au pays, et allèrent s'établir vers son embouchure, sur les rives plus fécondes et plus riantes du Mississipi. Cet établissement, dont il n'est pas possible d'exagérer la fertilité, est devenu le grenier de la colonie entière, et pourroit lui fournir des blés en abondance, quand même elle seroit toute peuplée jusqu'à la mer.

Outre ces établissemens, qui sont les plus considérables de la colonie, il en existe d'autres qui méritent d'être connus. En 1714, toutes les nations, excepté les Chicachas, situés entre les montagnes Apalaches et le Missisipi, envoyèrent des députés aux Français, pour demander leur amitié, et mettre leur pays sous leur protection. L'année suivante, les Français furent les visiter, et bâtirent le fort de *Toulouze* aux Alibamons, à cent cinquante lieues au nord de la Mobile, et ils y établirent garnison. En 1736, les Français furent obligés de fournir des armes aux Tchactas de la partie de l'ouest, pour se défendre contre leurs ennemis, et marchèrent avec eux contre les Chicachas et leurs alliés, armés par les Anglais, qui, au nombre de deux mille combattans, portoient le trouble et le ravage dans toute la colonie. Après les avoir défaits, ils bâtirent un fort à *Tombekbé*, dans le centre du pays des Tchactas, et y mirent garnison. Le *Fort du Détroit* est à vingt lieues au nord de l'embouchure de la rivière de Méanis, et à vingt-cinq des sources de la rivière Saint-Joseph; ce poste est entre le lac Crié et le lac Huron, et il est d'autant plus important, qu'au défaut de l'Ohio, il favorise la communication du Canada avec la Louisiane, soit par la rivière Saint-Joseph ou par l'Ouabache. Enfin, les Français ont un fort dans le pays des Puants ou Olchagras, le long de la baie qui porte le nom de ces peuples.

CHAPITRE VI.

État du commerce de la Louisiane avant la cession de ce pays à l'Espagne. Degré de prospérité dont cette colonie est susceptible : moyens d'administration qui peuvent le réaliser.

Nous ne reviendrons point sur nos pas pour présenter encore à nos lecteurs le tableau hideux de la Louisiane habitée, ou plutôt infectée par cette population, écume de l'Europe que la France y avoit comme vomie au tems du systême. Tous ces misérables avoient heureusement péri sans se reproduire. Les colons de la Louisiane, à l'époque dont nous parlons, et qui fut celle de son plus grand éclat, étoient des hommes forts et robustes sortis du Canada, ou des militaires réformés qui avoient su préférer les travaux de l'agriculture à la fainéantise où le préjugé les laissoit orgueilleusement périr. Les uns et les autres recevoient du gouvernement non-seulement un terrein convenable, et de quoi l'ensemencer, mais encore un fusil, une hache, une pioche, une vache et son veau, un coq et ses poules, avec une nourriture saine et abondante durant trois ans.

Malgré ces encouragemens, la Louisiane n'eut jamais, dans l'état de sa plus grande splendeur, plus de cinq mille blancs, en y comprenant même douze cents hommes qui formoient son état militaire. Six mille esclaves suffisoient pour cultiver les plantations des hommes libres, qui étoient dispersées sur les bords du Mississipi, dans un espace de près de cinq cents lieues. Malgré de si foibles moyens, le commerce de la Louisiane étoit parvenu à un degré de prospérité qui prouvoit à-la-fois, et les ressources immenses du pays, et les avantages qu'on devoit en attendre pour des tems plus favorables, et avec une population plus étendue. Outre les blés, le riz, le maïs, les pois et les fèves que la colonie récoltoit en abondance, non-seulement pour ses propres besoins, mais encore pour des exportations qui se montoient à la somme de cinquante mille francs, elle faisoit avec Bordeaux, Bayonne et la Rochelle, un commerce annuel, en indigos, tabacs et peaux de chevreuil, qui s'élevoit à près d'un million. Les vaisseaux y chargeoient aussi des bois de charpente qu'ils portoient à S. Domingue, et une cargaison de huit mille livres leur rendoit ordinairement trente-cinq à quarante mille francs qu'ils employoient en sucre à St.-Domingue, ce qui quadruploit leurs fonds à leur retour en France. Ce commerce donnoit à la colonie un résultat annuel de deux cent cinquante mille livres. Enfin, l'exportation des cuirs salés, peaux d'ours et bœufs sauvages, celle des brais et goudrons, celle des suifs de chasse, et le commerce extérieur en piastres, gourdes, etc., achevoit de former pour la Louisiane une circulation annuelle de un million six cents quatre-vingt mille livres qui, ajoutée à la somme de un million huit cents mille francs que le gouvernement y versoit pour les dépenses de l'état civil et militaire, portoit la fortune de la colonie à trois millions quatre cents quatre-vingt mille francs.

Quelqu'avantageux que fussent ces moyens de prospérité, relativement à la foiblesse de la colonie, il faut le dire néanmoins, ils n'étoient pas encore en proportion des ressources qu'auroit présentées cet établissement tel qu'il étoit, si la sagesse eût présidé à la formation et aux agrandissemens de la colonie. La plus grande faute qu'on fit toujours, ce fut d'accorder des terres au hasard et selon le caprice de ceux qui les demandoient. Cette disposition, en isolant les colons, et en les séparant par des déserts de plusieurs centaines de lieues, les rendoit moins propres aux relations commerciales, et les privoit des avantages d'une société unie et rapprochée. Etablis dans un centre commun, ils auroient pu se prêter des secours mutuels, et vivant sous les mêmes lois, jouir de tous les avantages d'une société régulière et bien ordonnée. A mesure que la population auroit augmenté, le cercle des défrichemens se seroit étendu. Au lieu de quelques hordes de sauvages, on eût vu naître une colonie florissante, qui seroit devenue peut-être une nation puissante. Que d'avantages il en fut résulté pour la France même!

Cet état, qui verse tous les ans des millions entre les mains de l'étranger pour l'acquisition des tabacs nécessaires à sa consommation, auroit

aisément

aisément tiré de la Louisiane cette production. Douze ou quinze mille hommes bons cultivateurs, auroient pourvu à cette branche de consommation pour toute la France. Ainsi le pensoit et l'espéroit le gouvernement, quand il fit arracher en Guienne toutes les plantations de tabac. Convaincu que les terres de cette province étoient propres à des cultures de première nécessité beaucoup plus importantes et plus riches encore, il crut servir à-la-fois la métropole et la colonie, en assurant à la Louisiane naissante, le débouché de la production qui, demandant le moins de tems, d'expérience et de frais, y pouvoit le mieux réussir et rapporter le plus. Le discrédit où tomba Law, auteur de ce projet, fit avorter et périr ses vues les plus raisonnables avec celles qui sembloient les plus folles.

Les richesses que le tabac eût fait entrer dans la colonie, lui auroient ouvert les yeux sur l'utilité des vastes et belles prairies dont elle est remplie. Bientôt elles se fussent couvertes de nombreux troupeaux, dont les cuirs auroient dispensé la métropole d'en acheter de plusieurs nations, et dont la chair préparée et salée, auroit remplacé le bœuf d'Irlande dans les isles. Les chevaux et les mulets s'y étant multipliés dans la même proportion que le bétail à cornes, auroient tiré les colonies françaises de la dépendance où elles ont toujours été des Anglais et des Espagnols, pour cet objet important.

Les esprits une fois mis en mouvement, eussent monté d'une branche d'industrie à l'autre; mais ce qui n'a pas été fait encore dans la Louisiane, peut s'exécuter aujourd'hui sous l'influence du gouvernement qui tient les rênes de la République française, et qui, guidé par sa sagesse autant qu'instruit par l'expérience, peut élever la Louisiane au rang des plus belles et des plus puissantes colonies du monde. Je le répéterai encore ici: la Louisiane est, sans contredit, le plus beau pays de l'univers par la douceur de son climat, et son heureuse situation: elle est remplie d'une multitude d'endroits d'une richesse immense, qui n'attendent que des habitans pour être exploités; on y peut cultiver avec succès toutes les plantes de l'Europe, sans distinction, et presque toutes celles de l'Amérique. Lorsque la France céda ce pays à l'Espagne, les cannes à sucre commençoient à y réussir, et l'on seroit parvenu à les établir. Si l'indigo qu'on y récoltoit étoit inférieur à celui de Saint-Domingue, ce n'étoit que par défaut de culture et ignorance des habitans. Rien ne manque à ce pays de ce qui peut satisfaire aux besoins d'une nation populeuse, puissante et industrieuse. Les montagnes qui bornent les possessions de la France d'avec celles du Mexique, et dont la chute des eaux viennent par diverses petites rivières se perdre dans celle des Akansas, indiquent assez, par les morceaux de minéraux trouvés sur les bords des rivières, qu'elles recèlent de ces riches métaux en aussi grande abondance que celles des possessions du roi d'Espagne. Dans le pays des

Illinois, il y a une mine de cuivre qui paroît des plus riches, et qui n'a jamais été mise en valeur, faute de bras, et de gens en état de faire les premières avances. Sur les bords de la rivière aux Poissons, à huit lieues de la Mobile, il existe une mine de fer, dont le minéral est si abondant, qu'il s'exploite à la superficie de la terre. Le terrein où elle se trouve est couvert de bois, conséquemment toutes les facilités pour l'exploitation s'y rencontrent. On a eu la preuve, par les essais qui furent envoyés dans le tems en France, que la matière en étoit de la première qualité. Ils produisirent quatre-vingts pour cent du plus beau fer. Dans le pays des Illinois, à cinq lieues du fort de Kas, il y a une mine de plomb qui produisoit quatre-vingt-dix pour cent :

l'on en tiroit, presque sans aucuns frais, environ deux cents milliers chaque année, pour faire des balles et du plomb pour le service de la colonie.

Si de ces ressources locales nous passons à celles qui facilitent et entretiennent les communications maritimes, peu de climats dans le monde en offrent de plus avantageuses pour la construction d'une marine. Le pays est tout couvert de bois nécessaires pour le corps du navire. La mâture et le goudron se trouvent dans les pins qui couvrent les côtes. Le chêne ne manque pas pour le bordage, et si cela étoit, il pourroit être facilement remplacé par le cyprès, moins sujet à se fendre, à se courber, à se rompre, et propre à racheter avec un peu d'épaisseur, ce que la nature lui refuse de force et de dureté. Il seroit facile de faire croître du chanvre pour les voiles et les cordages. On peut conjecturer que le gouvernement, éclairé sur tous ces moyens de puissance, ne tardera pas à construire, dans la Louisiane, des ateliers pour les besoins de la marine française, et qu'il y aura bientôt des arsenaux tout prêts à équiper des flottes dans l'Amérique même.

De ces travaux résulteront d'autres avantages encore : les forêts défrichées sans frais, et même à profit, laisseront le sol libre aux grains, aux cotons, à l'indigo, au lin, à l'olivier, et même à la soie, lorsqu'une population abondante permettra de se livrer à une occupation à laquelle la douceur du climat, la multitude des mûriers, et quelques expériences heureuses ne cessent d'inviter.

En atteignant ainsi à la fécondité que la nature semble destiner à la Louisiane, cette colonie peut facilement s'ouvrir encore une autre source inépuisable de prospérité, en rendant son entrée plus accessible et plus commode; avec des attentions suivies, on peut y réussir sans une grande dépense. Il suffiroit pour cela de boucher, avec les arbres flottans que le fleuve entraîne, cette foule de petites passes qui nuisent plus à la navigation qu'elles ne paroissent y servir. Toute la force du courant, réunie dans un seul canal, en creuseroit bientôt l'embouchure, et peut-être emporteroit la barre qui la tient presque fermée. Alors les

plus

plus gros vaisseaux entreroient dans le Mississipi, avec plus de sûreté que n'en ont jamais trouvé les plus médiocres. Ensuite on diminueroit la lenteur de leur marche vers la Nouvelle-Orléans, en abattant les forêts épaisses qui bordent le fleuve. Tous les arts, tous les biens naîtroient ainsi les uns des autres, pour former de la Louisiane un pays aussi florissant que beau, aussi favorable aux besoins de ses habitans, qu'avantageux au commerce de la métropole.

Mais pour réaliser tous ces biens, il faut à la Louisiane une administration entièrement opposée à celle qui, jusqu'à la cession de ce pays à l'Espagne, en avoit réglé les destinées. En remontant aux causes du dépérissement de cette colonie, des malheurs qui l'ont assiégée, ou de la lenteur de ses progrès, on les trouve dans la religion exclusive, dans le mauvais choix des administrateurs, et dans la vile classe des citoyens que l'on y transportoit pour en devenir les habitans. Que ces causes disparoissent, et la Louisiane, en peu d'années, s'élevera au rang où elle seroit depuis long-tems parvenue, si elles n'avoient pas existé.

Le voilà maintenant rentré sous la domination de la France, ce vaste pays dont la terre offre des trésors aux habitans qui se présenteront pour les recueillir : ils accourent en foule se ranger sous les lois du gouvernement qui daigne les adopter ; il leur donne des terres qui lui sont inutiles sans leur industrie, et il en reçoit le prix par les denrées de toute espèce qui produisent un tribut annuel à ses douanes. Si ce peuple est heureux et tranquille dans ses opinions, il récompensera les bienfaits du gouvernement qui l'a recueilli et qui le protège, par une population qui deviendra la source de ses richesses; mais qu'au lieu d'un plan si sage, on laisse les vaines disputes de controverse assiéger ce paisible habitant qui suit la loi que ses pères lui ont enseignée; qu'il ne puisse posséder le champ qu'il aura défriché, qu'en devenant parjure à la religion qu'il sait depuis son enfance, alors il abandonnera ce pays malheureux, et la terre privée de culture se recouvrira de ronces et d'épines.

Une autre garantie de la prospérité de la colonie, est dans le choix des administrateurs militaires et civils : quand il s'agit de composer des tribunaux ou des conseils pour rendre la justice aux citoyens, il faut s'assurer de l'intégrité des sujets que l'on envoie pour être les organes des lois. Quelle source funeste de désordres, de dissentions et de découragement, quand la cupidité règle les actions des magistrats d'une colonie ! Est-il étonnant que l'on se déplaise alors dans un pays où rien ne garantit la propriété et qu'on s'en éloigne? Il est impossible de rien opérer de grand quand le patriotisme et la probité n'influent pour rien dans la conduite des dépositaires de l'autorité. Enfin, un autre systême également mauvais seroit de prétendre peupler la colonie en y envoyant comme autrefois, la plus vile classe des citoyens, des vagabonds sans aveu, des hommes flétris et déshonorés dans la mère-patrie, ou des femmes perdues par la débauche. L'expérience parle ici plus haut que tous les raisonnemens que l'on pourroit faire pour démontrer les dangers de ces moyens. Mais une disposition à laquelle on n'a pas encore fait assez d'attention, et qu'il seroit peut-être plus important qu'on ne pense de changer, c'est qu'il n'est presque jamais venu en France, dans l'idée d'un citoyen riche et connu, d'aller s'établir dans les colonies, et d'y porter ses ressources et ses talens. Quel patriotisme seroit cependant plus louable et plus avantageux, que celui qui inspireroit à des citoyens aisés ou recommandables par leurs connoissances, le desir d'aller jeter les seconds fondemens d'une colonie qui, sous l'heureuse et puissante influence du gouvernement actuel de la France, peut s'élever à de si hautes destinées, et réaliser tant d'espérances!

FIN.

TABLE

Des Chapitres contenus dans ce Volume.

Fin de la Table des Chapitres.

De l'Imprimerie de FARGE, cloître Saint-Benoît, n. 372, près la rue des Mathurins.

www.ingramcontent.com/pod-product-compliance
Ingram Content Group UK Ltd.
Pitfield, Milton Keynes, MK11 3LW, UK
UKHW022118190726
13855UKWH00003B/942